Seja o que Deus quiser

CB063426

Pr. Márcio de Souza

Seja o que Deus quiser

Mais que um livro de regras, um estilo de vida

São Paulo 2011

Copyright © 2011 by Pr. Márcio de Souza

PRODUÇÃO EDITORIAL	Equipe Ágape
DIAGRAMAÇÃO	Benjamim César
CAPA	Carlos Eduardo Gomes
REVISÃO	Aline Braz
	Patricia Murari
FOTO	Elaine Vidal

Texto de acordo com as normas do Novo Acordo Ortográfico da Língua Portuguesa (Decreto Legislativo nº 54, de 1995)

Dados Internacionais de Catalogação na Publicação (CIP)
(Câmara Brasileira do Livro, SP, Brasil)

Souza, Marcio de
　　Seja o que Deus quiser: mais que um livro de regras, um estilo de vida / Marcio de Souza. -- São Paulo, SP: Ágape, 2011.

　　1. Conduta de vida – Ensino bíblico 2. Jesus Cristo – Ensinamento 3. Palavra de Deus (Teologia) 4. Vida espiritual – Cristianinsmo I. Título

11-11702　　　　　　　　　　　　　　　　　　　CDD-248.4

Índices para catálogo sistemático:
1. Conduta de vida: Prática cristã: Ensino bíblico   248.4

2011
Publicado com autorização. Nenhuma parte desta publicação pode ser reproduzida sem a devida autorização da Editora.
EDITORA ÁGAPE
Al. Araguaia, 2190 - 11º andar – Conj. 1112
CEP 06455-000 - Barueri - SP
Tel. (11) 3699-7107 Fax. (11) 2321-5099
www.editoraagape.com.br

A Deus, que me permitiu finalizar esse livro!

Obrigado Eterno!

Sumário

Agradecimentos 9

Prefácio 11

Introdução 13

Direita, volver 15

Vida com propósitos? Quais? 19

Sem pressão! 25

Cara, o amanhã não existe! 31

Pescador de ilusões 33

O ladrão de sonhos 37

Otimismo e esperança 41

A glória de Deus é espontânea 43

Espontaneidade na oração 45

Pequenos milagres 47

A espontaneidade do silêncio 53

O processo criativo 57

Seja o que Deus quiser 59

Agradecimentos

Deus acima de tudo, que em tempos de tribulação me deu forças para escrever e inspiração para fechar o livro.

A Marcio Brangionni e a Cervínia pelo apoio irrestrito, ao Wellington e a Tech-o! pela parceria sempre firmada! Ao Sandro pela linda contracapa e apoio sempre irrestrito!

A minha mãe pelas orações que me sustentam. E ao presbitério da Igreja da Aliança, meus parceiros e amigos de todas as horas!

Prefácio

Tenho tido o privilégio de, nos últimos anos, ter como amigo o pastor Márcio de Souza. Em nossa relação, tenho observado seu compromisso para com a mensagem integral do evangelho, seu amor para com a igreja que pastoreia, além do respeito e carinho com que trata sua família.

Ao ler o livro do Márcio fui tomado pela convicção de que a igreja brasileira precisa de livros como este, cujo conteúdo teológico tem como principal característica o equilíbrio. O Pr. Márcio imprimiu em cada linha e página desde material algumas de suas principais características, tais como: espontaneidade, compromisso com a verdade e paixão pelo Reino. Seu texto possui alegria, objetividade bíblica, e acuidade intelectual, além de uma saudável forma de enxergar os dilemas da vida.

Minha oração é que a reflexão do nosso irmão produza fruto abundante não somente ao intelecto, mais também ao seu coração, levando-o a uma nova dimensão de vida cristã.

Recomendo a leitura deste excelente trabalho.

Soli Deo Gloria,

Renato Vargens

Escritor, pastor da Igreja Cristã da Aliança em Niterói-RJ.

Introdução

Seja o que Deus quiser é um livro que fala de espontaneidade e a vida autêntica com Cristo. Sem floreios, sem falsidade, sem barganhas. Apenas graça!

Trata de fazer o que é certo e deixar a vida ser guiada pelo Espírito de Deus. Largar o controle do leme de sua vida e entregá-lo na mão de quem te criou e sabe o melhor caminho para você.

Simples assim!

"A espontaneidade é um ato desprovido de premeditação, portanto instintivo! Mas com os homens funciona diferente, desperta sua veia criativa!"

Direita, volver

Portanto, não vos inquieteis com o dia de amanhã, pois o amanhã trará os seus cuidados; basta ao dia o seu próprio mal. (Mt 6.34)
Não existe nada permanente, exceto a mudança.
(Heráclito)

Estamos vivendo um tempo onde tudo na igreja anda sistematizado. A administração é gerida por um sistema que controla finanças, define pagamentos, demite e admite funcionários, calcula o lucro, enfim, algumas medidas necessárias para o bom andamento da instituição igreja.

Antes de qualquer coisa quero dizer que sou favorável à organização da igreja, e ao uso de algumas ferramentas que adaptadas às diversas realidades eclesiásticas podem melhorar a estrutura já existente. Gosto da ideia da otimização da estrutura. Mas penso que essas coisas não existem para fazer a igreja dar lucro, e sim para administrar situações.

Existe também outro lado, o qual ainda não assimilamos bem, mas não menos necessário, que é a sistematização de horários na igreja. Por exemplo, o culto deve começar às 19:00h. E ter fim exatamente às 21:00h. O pastor "X" atende de tantas até tantas horas... Bem, por enquanto é apenas uma questão de ordem e de respeito ao horário alheio que é de extrema importância.

Mas e quando tentamos fazer da nossa vida um imenso sistema guiado por propósitos, regras, numerações, metas, sistemas, etc... Será que esse é o estilo de vida que Deus planejou para nós? O objetivo desse livro é tentar lançar luz sobre esse dilema.

Hoje, os seminários não formam mais teólogos, mas estão se especializando em formação de profissionais da fé. Gente que domina as diversas formas de administração eclesiástica, que entende bem de gestão de equipes, mas em contrapartida, não consegue conversar sobre mais nada com ninguém e tampouco consegue fazer uma simples exegese. Tem dificuldades na relacão, assumem igrejas, mas não lidam com o rebanho (dá muito trabalho... é melhor ficar envolvido com a papelada) e essa obsessão em desenvolver sistemas e métodos tem desfocado a visão e transformado pastores em gestores de métodos, as pessoas se tornaram números e a espontaneidade no viver acaba em detrimento da "organização" da instituição.

Vida com propósitos? Quais?

Não é preciso entender, viver ultrapassa todo o entendimento

Clarice Lispector

Vamos começar por uma pequena pergunta: Se Deus é insondável, como esquadrinhar Deus e descobrir porque Ele me fez? Eu sinceramente não tenho resposta para isso e tenho certeza que se perguntássemos a mesma coisa para quase todos os personagens bíblicos eles também não saberiam responder. Na dúvida sobre a profundidade da questão, prefiro a resposta da Confissão de fé de Westminster: "O homem existe para adorar a Deus". Temos em mãos o relato bíblico de Paulo em Efésios 2.10 que diz:

> *"Pois somos feitura dele, criados em Cristo Jesus para boas obras, as quais Ele de antemão preparou para que andássemos nelas."*

Se Deus nos preparou um caminho de boas obras de antemão é porque Ele sabe que não somos capazes por nós mesmos de discernir nossa mão direita da esquerda, então o que há na verdade é um convite à prática das boas obras e não uma busca desesperada por diretrizes ou manuais que nos levem a viver com Deus. Ele quer mais que cães adestrados, Ele quer amigos, gente que queira andar com Ele e viver as surpresas da vida!

É claro que dentro do homem existe uma infinita sede por Deus, uma busca pelo transcendente, pelo que não se vê. O futuro é como "uma astronave que tentamos pilotar", já dizia Toquinho na canção "Aquarela". O homem tenta desesperadamente assumir o controle dessa astronave, mas desde que o mundo é mundo, todas as tentativas conhecidas falharam.

Na antiga União Soviética, corria a lenda que a falida KGB em tempos de guerra fria, montou um centro de informações onde havia uma área específica para que pessoas paranormais pudessem prever um acontecimento futuro, ou pelo menos pressentir algo que sobreviria sobre a URSS. Videntes apareciam nos jornais e programas de auditório tentando promover um profetismo fajuto que mais tem a ver com fofoca que com previsão. Existem também os profetas do óbvio que por vezes cometem gafes que se não fosse trágico, seria cômico.

Muitos avanços já foram realizados no campo climático, por exemplo, a meteorologia hoje consegue prever com uma grande chance de acerto o clima na semana seguinte; alguns bons investidores conseguem prever com sucesso o movimento da bolsa de valores, as oscilações do mercado... É claro que estou brincando quando cito esses exemplos que dependem apenas de uma análise do momento e uma olhada em tendências e pronto... resolvido.

Mas a grande questão é a seguinte: Podemos descobrir como prever tudo, mas jamais conseguiremos prever o agir de Deus! Ele é insondável! Veja o exemplo dos discípulos no barco em meio a uma travessia para Genesaré, narrado em Mt 14:22-26. O texto nos diz que Jesus subiu o monte para orar e havia dispensado os discípulos e os incitou a cruzar logo para Genesaré. Penso que os discípulos devem ter ficado perplexos com o Mestre já que sempre faziam a travessia juntos, mas dessa vez Jesus queria encontrá-los depois.

Na cabeça dos discípulos deveria estar uma grande dúvida: "Como Jesus vai nos alcançar se já estamos longe da margem e o mar está bravo?" Mais uma vez todos devem ter feito suas apostas: "Ele vem de barco..." outro deve ter dito "Ele já está para o outro lado da margem..." e ainda alguns devem ter dito "Que nada, ele vem amanhã cedinho, voando...!" Enfim, diversas conjecturas devem ter sido construídas naquele momento e Jesus em resposta a todas elas fez o que ninguém esperava, surgiu caminhando sobre as águas em meio a uma ventania e provavelmente da margem do lago onde eles deveriam estar chegando! Só resta aos discípulos o espanto e um mar de questionamentos.

É por isso que prefiro esvaziar a mente e simplesmente observar a solução de Deus e não ficar montando esquemas e abrindo um "bolsão de apostas" sobre como Deus irá livrar tal pessoa. Ou como Deus irá trazê-lo para perto d´Ele. Para essas questões, não há respostas, somente o espanto e o assombro de ver as obras daquele que abre portas e ninguém fecha e que fecha portas e ninguém abre! Aos poucos perceberemos que a vida é um conjunto de acontecimentos e que se constroi passo a passo, sempre com pequenos detalhes!

Basta perceber, quando você para e olha para trás, quais os momentos que te trazem mais felicidade? Os grandiosos? Os megaeventos? Acho que não... Os megaeventos geralmente mexem com nosso ego, com nossa emoção e com nosso desejo de conquista. Mas na verdade, o que acaba firmado na nossa vida são os pequenos momentos que passamos com pessoas especiais.

Por exemplo, o abraço de Dia das Mães que representa um gesto de carinho, uma mensagem que você precisava ouvir e de repente liga o rádio, ouve alguém e isso te traz paz, um "oi" daquela suposta paixão que quando aparece você treme de nervoso e perde a fala, o sussurrar da amada na noite de núpcias, o primeiro choro do bebê ao nascer, o primeiro toque da divindade no ato da conversão.

Queridos leitores, assistindo a um filme chamado "Cartas de Iwo Jima" percebi quão importantes são os pequenos gestos. Os soldados quando escreviam para casa relatavam às esposas e aos familiares que tomassem cuidado com o chão da cozinha, com o gato que abria buracos no quintal e isso é sinal de que quando se percebe a morte eminente, não priorizamos as grandiosidades que na verdade são futilidades, mas nos lembraremos de pequenos gestos que levaremos para eternidade como memorial de que fomos felizes aqui!

Não me esqueço nunca da imagem do meu pai parado à porta na madrugada velando meu sono, na época eu achava chato, mas hoje eu sinto falta dele, me observando e sorrindo sem ao menos ouvir uma palavra da minha boca. Aproveite os momentos pequenos, porque a vida é feita de detalhes! Pequenos detalhes, grandes lembranças!

Sem pressão!

Queria apenas tentar viver aquilo que brotava espontaneamente de mim. Por que isso me era tão difícil?
(Herman Hesse)

Somos todos prisioneiros, mas alguns de nós estamos em celas com janelas, e outros sem.

(Khalil Gibran.)

Existem pessoas que creem que a felicidade virá assim que elas organizarem sua vida, assim como elas arrumam um armário (cada peça no seu lugar). Quando a situação financeira estabilizar, quando a faculdade terminar, quando eu me casar, quando meu filho nascer, quando ele estiver crescido, assim que ele casar, quando ele se estabilizar e etc...

Mas a vida é implacável, ela simplesmente acontece e não para de acontecer, segundo após segundo, dia após dia, ela nos atropela se não andarmos lado a lado com ela. É impossível impedir os acontecimentos de se realizarem, é a mesma coisa que tentar parar o tempo.

Em alguns países da África, a vida tem toda uma dinâmica para acontecer; o sujeito nasce, cresce, reproduz, morre e a crença é que ele nasce novamente como uma criança da tribo. Essa perspectiva é genérica, mas quando se fala em ciclos perfeitos, acontece o que chamamos de "acaso", que vem a ser uma surpresa em meio aquilo que programamos. Por exemplo: Saí de casa, peguei o carro, parei no posto, abasteci, fui trabalhar, voltei para casa. Eis aí o ciclo de um dia. Se o ciclo fosse interrompido no meio, se ele não parasse no posto e ficasse sem combustível, ele teria enguiçado e nem chegaria ao trabalho na hora. Seu ciclo foi quebrado por um descuido: não tinha combustível.

O problema não está em ter uma rotina quebrada, mas a graça de viver está em não se poder prever o que vai acontecer no minuto seguinte da sua vida, volta e meia, seu ciclo será quebrado e você perceberá que nesses "acasos" aprendemos a viver.

Por quanto tempo você viveu sob a pressão das regras que lhe foram impostas pela instituição? Ainda vive?

Então preste atenção para não perder preciosos anos da sua vida sendo orientado pela "cartilha" mal intencionada de alguns.

Quantos cristãos deixaram de viver os melhores anos de suas vidas por causa de algumas imposições que a "igreja" lhes fez? Quantas vezes você pensou em ouvir boa música, ir ao cinema assistir um bom filme, praticar determinado tipo de esporte, conversar com todo tipo de pessoa, etc...? Pois é, vivemos boa parte da nossa existência nos deixando comandar por preceitos que não existem na Bíblia e sim na cabeça de alguns especialistas em manipulação de massas ou simplesmente mercadores da fé que nem sabem o porquê de estarem ali. Gente que escolheu a Igreja por falta de opção, porque não teve êxito em nada que fez e agora se volta para aproveitar da gordura das ovelhas.

Por algum período de tempo eu mesmo vivi isso. Em detrimento do que me foi pregado, vivi trancado em um sistema que de tão mesclado e místico, me deixou sem referencial, e pior ainda, me roubou o maior de todos os referenciais: A Palavra, que foi prontamente substituída pelo "evangelho dos evangélicos" ou pelas santas tradições da instituição.

Foram alguns anos onde deixei de ouvir as melhores músicas que tocavam nas rádios, deixei de assistir aos melhores espetáculos, abandonei meus amigos que por anos me acompanhavam e sempre foram fiéis, perdi grandes oportunidades em diversas áreas por conta da escravidão espiritual imposta. Conheço um sem número de casos de pessoas que como eu perderam grandes oportunidades em suas vidas porque seguiram o "manual das santas tradições evangélicas" e esqueceram de viver a vida abundante que Jesus Cristo nos deu.

Um desses casos é sobre um homem que foi levado à loucura quando tentava reaver seu casamento. Soterrado por profecias, perdeu a esposa, se tornou obcecado por ver uma revelação se realizar e em pouco tempo faleceu, abandonado, na mendicância depois de várias internações em hospitais psiquiátricos. Esse processo de deterioração da sanidade aconteceu em dois anos, e seu falecimento foi resultado dessa busca incessante por quem não ficou de vir.

Outro caso menos dramático, mas não menos devastador, é o caso de uma adolescente que foi mal orientada na sua igreja e que de tão sufocada pelas regras impostas a ela, resolveu deixar a igreja de lado e viver o que o mundo poderia lhe oferecer. Por pouco não se prostituiu, por pouco não se tornou dependente química e por pouco sua família não foi destruída pelas mesmas normas que disseram um dia que faziam parte do nosso processo de conversão, de purificação. Hoje em dia, está restabelecida, casada, tendo comunhão em uma igreja saudável e com planos para o futuro.

Mas para o resto da sua vida carregará as marcas daqueles episódios e nunca mais poderá viver os anos que lhes foram roubados de sua adolescência.

Certa vez, fui visitar uma editora. Cheguei para a reunião pontualmente as 13h30min. O porteiro muito vivaz me perguntou onde eu desejaria ir e eu logo lhe respondi o motivo de minha visita. Logo depois ele me fez a seguinte pergunta: "Que dia é hoje?".

Você já pensou nessa pergunta com profundidade? Já parou para analisar que existe algo maior do que simplesmente uma data nessa pergunta?

"QUE DIA É HOJE?" Para alguns hoje é último dia de suas vidas, para outros esse é o dia mais feliz de seus relacionamentos, ainda existem aqueles que entendem que esse dia é só mais um em suas existências vazias. O fato é que hoje, exatamente hoje pode ser o dia mais importante da sua vida! Hoje pode ser o dia em que Deus vai te encontrar no meio da multidão e te dizer "Vem!" e você logo reconhecerá a doce voz do Eterno a sussurrar no seu ouvido: "Tu és meu filho amado em quem se compraz minha alma".

Mas lembre-se, hoje também pode ser um dia como outro qualquer, é tudo uma questão de escolha, meu amigo.

Para terminar eu pergunto a você e não precisa me responder porque é uma pergunta retórica: "Que dia é hoje?" o dia da salvação, ou um dia qualquer?

Haverá um dia em que inevitavelmente todo joelho se dobrará diante de Deus, todos os mortos se levantarão, e todos se prostrarão diante d'Ele. A questão é: você vai se dobrar para salvação ou para perdição?

Viver uma vida espontânea nos livrará das agruras e das armadilhas que os "sistemas" escondem de nós. É preciso viver, sem consultar a cartilha, o manual das santas tradições, porque cada um de nós, no fundo, já sabe o que precisa ser feito e o que não devemos fazer, avisados por uma força interna chamada consciência e outra externa que se internaliza em nós chamada Espírito Santo. Devemos largar as "muletas" que nos impedem de andar em liberdade e tentam servir de escora para nossa falta de coragem para enfrentar a vida.

Cara, o amanhá não existe!

De onde vêm as aflições e ansiedades do dia a dia? O que gera conflito constante e tira nossa paz? O que mexe nas entranhas e traz um pavor repentino que nos coloca em pânico?

A resposta é simples: Não viver um dia de cada vez.

Por que? Pense bem, a ansiedade se cria no berço das expectativas e troca suas fraldas no pensamento que vagueia nos planejamentos e tramitações de longo prazo. Então planejar é ruim? Claro que não. O problema é parar a vida para planejar e viver de planejamento. Jesus certa vez falou de um cara que planejava ir a um determinado lugar, fazer isso e aquilo daqui a uma semana. O problema é que ele não sabia que naquela mesma noite sua alma seria pedida. Para esse homem, não houve semana seguinte.

Quantos livros ficaram para ser lidos? Quantos CDs não foram escutados? Quantos DVDs não foram assistidos? Quantos beijos deixou de dar? Quantos momentos deixaram de ser vividos? Para esse camarada que Jesus comenta, a vida passou, a morte chegou e ele não cumpriu os seus planos.

Viver um dia de cada vez é fazer tudo como se fosse a última vez. É trabalhar e amar como se o mundo fosse acabar na hora de dormir. Como se não houvesse amanhã.

A questão é que o amanhã não existe mesmo, pelo menos ainda não. E pior ainda, o ontem já foi... só nos resta o agora!

Pescador de ilusões

Valeu a pena, sou pescador de ilusões!

(O Rappa)

Você tem feito a vida valer a pena?

Por esse tempo, tenho me sentido muito existencialista, pensando no que será da vida quando estiver bem velhinho, pensando na morte e no momento dela, concluindo que todo ser humano tem um final, é verdade, vamos morrer, nosso corpo desaparecerá na profundidade da terra e só restará para as próximas gerações aquilo que construímos com amor e que vai gravar nosso nome na história.

Tenho analisado meus atos, e percebi que se meu final chegasse hoje, daqui a alguns anos eu seria esquecido por quase todos os meus amigos, e jamais seria lembrado pela humanidade. Não é por fama, nem por notoriedade, mas por ter contribuído para que depois de meus atos, houvesse outras gerações.

O ditado popular diz o seguinte: "Plante uma árvore, escreva um livro, tenha um filho e você estará imortalizado!", mas meus pensamentos atuais a respeito da vida dizem que isso não é o bastante, temos que marcar a vida dos outros com ações, somos responsáveis por honrar o sopro de vida que Deus nos deu, não podemos mais admitir passar por esse lugar sem ajudar alguém a encontrar a felicidade.

Essa tal felicidade no contexto de Deus, não está ligada a nada externo. Salomão provou de todos os prazeres externos e não encontrou felicidade. O nosso conceito, vem de glorificar a Deus e gozá-lo para sempre! Somente o ser humano que descobre isso consegue ser feliz, fora isso, teremos sempre uma insatisfação constante e uma alegria inconstante.

Faça o que for preciso, arranque um sorriso de um rosto fustigado pelo tempo, chore com quem experimenta dor extrema, curta sua vida porque sua vida é curta, faça o que tem a fazer, não deixe nada pra depois vença seus medos, realize!

Falamos muito do "ser", mas também precisamos falar de algo tão importante para Deus que Ele separou um livro inteiro na Bíblia "Atos dos apóstolos" para falar da importância de fazer. Marque a vida de alguém com pequenas atitudes. A vida é efêmera, sinta a brisa do mar, viaje num dia ensolarado, ande no calçadão, olhe as pessoas, brigue menos, compartilhe mais para que amanhã você possa olhar pra trás e dizer como o poeta "Valeu a pena!"

Seja um pescador de ilusões, corra atrás do impossível, ainda que te digam que você vai fracassar, vá em frente encare o desafio, vença ou morra tentando!

O ladrão de sonhos

Hoje em dia, se pudéssemos hierarquizar pecados, acho que o primeiro lugar nessa escala seria o pecado do roubo da individualidade do outro, seguido bem de perto pelo roubo da expectativa de alguém. O primeiro, creio que nem o diabo com toda sua malícia poderia fazer melhor do que alguns líderes que estão espalhados por aí.

Não querem que ninguém viva uma experiência pessoal com Jesus, nem que tenhamos uma vida guiada pelo vento de Deus que nos leva onde quer, mas a vontade destes é que sejamos clones, perfeitos na imitação do estilo, na forma de falar, no jeito de orar e até mesmo na hora de emitirmos uma opinião. Querem fantoches ao invés de cabeças pensantes, vacas de presépio ao invés de ovelhas, crentoides ao invés de imitadores de Cristo. Esse tipo de gente costuma apascentar a si próprio e precisa reproduzir sua espécie usando como hospedeiros alguns desavisados.

Já o segundo tipo é um pouco diferente, não exige que você seja igual a ele, pelo contrário, quanto menos parecido com ele melhor, mas esse tipo de pessoa lida com gente como se estivesse lidando com cães, prometendo uma raçãozinha aqui outra ali, e quando o cão está pronto para comer, SURPRESA! Não existe ração alguma. É mais ou menos assim que acontece com muita gente crente de verdade que se importa com a obra de Deus e que possui o chamado de Deus para determinadas funções.

Hoje em dia é preciso ser firme em convicções e conhecer bem a Cristo para não se decepcionar com o roubo de expectativas. Os líderes fazem isso a toda hora. Brincam com as pessoas, se julgam senhores de nossas decisões e nos atrelam a falsas promessas até que estejamos conformados com o não cumprimento de promessas, e nos tornemos figuras decorativas na igreja, contando a mesma história de sempre: "Estou nessa igreja há 30 anos, tive meu tempo e nada aconteceu, agora estou velho demais para sair daqui, fico por aqui mesmo, o homem é assim mesmo, ele erra."

Tenho pavor desse papo. É conversa de gente conformada, fracassada e que não teve coragem de mudar o mundo ao seu redor, mas ao contrário disso, preferiu ficar de braços cruzados esperando a revolução brotar pelas mãos de outros que viriam.

Todo homem carrega dentro de si uma revolução! A diferença é entre os que deixam que ela venha à tona e exploda o mundo ao redor marcando seu tempo e aqueles que sublimam a força dessa dinamite. Você está de que lado?

Não podemos permitir que ninguém roube nossos sonhos. Se houve alguma coisa que te decepcionou, passe por cima disso, seja forte e supere, ainda que haja choro, momentos de desespero, nós cremos que a alegria vai chegar ao amanhecer.

Quero viver uma vida cheia de realizações para que no meu último momento de vida eu possa lembrar que minha colaboração foi dada, que pessoas mudaram e restauraram suas vidas através do que Deus me permitiu fazer. Essa é a minha esperança!

Otimismo e esperança

Existe uma grande diferença entre o otimismo e a esperança. O motivo de escrever um capítulo sobre essas duas situações é simples: Estamos pregando nos nossos templos otimismo e não esperança.

Enquanto o otimista diz: A guerra cessará, as feridas fecharão, e o inimigo será derrotado, a esperança aguarda a palavra final dessas coisas e ainda que nenhuma delas tenha o final previsto pelo otimista, a esperança trará a confiança de que seja qual for o desfecho teremos sempre uma surpresa, que o amor de Deus é mais forte que a morte, que a verdade de Deus é mais poderosa que as mentiras da sociedade e que a luz d´Ele sempre será mais real que as trevas que nos cercam.

Além do mais, o otimista não tem controle sobre suas "previsões" não pode garantir aquilo que afirma. Então, vemos que o otimismo é simplesmente uma atitude que faz com que acreditemos que tudo será melhor amanhã. Você pode se perguntar agora: "Mas não é assim que deveríamos pensar? Afinal de contas, com Jesus no barco tudo vai bem!". Eu lhe digo que não.

A alegria da esperança, não vem do efeito de previsões, nem depende das boas notícias da nossa vida. Ela se baseia no conhecimento espiritual de que se por um lado vivemos num mundo encoberto por trevas, por outro lado, Cristo venceu o mundo. E Ele disse isso em alto e bom som em João 16.33b.

Enfim, foi-nos aberto um caminho para habitar no mundo que perece no mal, mas deveríamos ficar surpreendidos a cada momento em que avistássemos Deus se manifestando contra ele e dando a última palavra. Por isso não devemos viver como vítimas, mas como seres humanos livres, guiados, não pelo otimismo, mas pela esperança.

A glória de Deus é espontânea

Madrugada, o sono foi embora e eu como de costume vou ao computador para escrever algo, gerar material, potencializar conhecimento etc... Assisti um pedacinho de um filme pendente, joguei paciência e nada... coloquei uma musiquinha pra relaxar e ver se o sono voltava, e uma bela canção começava a tocar no *playlist*. Ando meio bloqueado com essa turma da adoração extravagante, profética, sei lá mais o que, mas essa música me derrubou...

Quando veio o refrão eu olhei pela janela e vi o amor de Deus na alvorada que nascia mais uma vez. Ainda que alguns achassem que a noite de dor duraria para sempre, senti o seu amor na leve brisa das 5h da manhã que entra pela janela do escritório onde escrevo, fui movido a orar e me encontrei extremamente carente de comunhão com o Pai, carente de intimidade, de ser abraçado...

Comecei a tecer elogios ao Eterno, as lágrimas desciam incontrolavelmente enquanto a música continuava a tocar. Nessa noite eu percebi o quanto poderia ser ruim minha existência sem Deus. Talvez eu não estivesse mais aqui. Percebi o quanto nos tornamos inoperantes sem a graça. Percebi que a oração é a chave que traz alegria e faz a gente respirar melhor... constatei que a responsabilidade de muitas coisas não estarem acontecendo ao meu redor é minha e de mais ninguém...

Mas acima de todas essas coisas, percebi que a glória de Deus, como diria O Pr. Gerson Borges é compartilhar! Obrigado Eterno, pelos seus grandes feitos... Obrigado Jesus, porque eu realmente não sei o que seria viver sem seu abraço e afago. Essas coisas não têm hora pra acontecer, nem data agendada... elas simplesmente acontecem, espontaneamente.

Espontaneidade na oração

Regras e mais regras, crendices e quase simpatias é o que vemos hoje em torno das disciplinas espirituais. A oração precisa ser feita de joelhos e de madrugada, senão não serve. As palavras usadas devem ser escolhidas a dedo e o tom de voz precisa ser solene, caso contrário Deus se recusará a ouvir. O jejum tem que ser feito à exaustão e não como uma oferta voluntária. A contemplação, que talvez seja a mais espontânea das disciplinas, foi esquecida e considerada coisa de budista ou de orientais em geral. A *lectus* divina é mística demais, o estudo da doutrina é frio demais e assim vamos rotulando aquilo que Deus disponibilizou para nós como descartável ou então colocamos tantas regras nas disciplinas que fica impossível cultivá-las no nosso cotidiano, fica muito ritualístico.

No tempo de Salomão, com o conchavo dos sacerdotes com o rei, e a permissão para comercializar animais ao lado do templo para que o romeiro não precisasse vir puxando um animal teimoso por uma distância enorme, o povo foi perdendo a capacidade de sacrificar. Não estou aqui afirmando que você precisa fazer sacrifícios para alcançar a salvação, mas que é preciso encarar dificuldades e abdicar de algumas coisas em nome da missão.

Mas hoje isso se perdeu completamente. "Sacrificar" se tornou uma palavra proibida no nosso vocabulário. Os liberais insistem em dizer que a bitolação dos crentes é dada através da má interpretação da Bíblia. Eu afirmo que orar diligentemente e cumprir o que a Bíblia diz em relação à devoção é legítimo e deve ser constante.

Pequenos milagres

É difícil falar sobre milagres. Ou você acredita neles ou não. Eu acredito! Quando eu tinha 23 anos, vivia uma vida normal, tinha um bom salário como músico, uma vida sentimental tranquila e uma imensa vontade de viver. Porém, de um dia para o outro após uma conversa sobre fé, desenvolvi um quadro depressivo tão forte que fiquei prostrado por 4 meses aproximadamente em cima de uma cama, sem receber visitas, sem vida social, sem ver a luz do dia, com medo de qualquer movimento que fizessem perto de mim. Estava com vontade de morrer, mas não tinha coragem para me matar. Emagreci aproximadamente 12 kg nesse tempo por não conseguir ingerir nada. Raramente comia algo sólido e enjoava com frequência dos líquidos.

Meus pais fizeram de tudo. Trouxeram amigos, fomentaram visitas de parentes, apelaram para a emoção, para o espiritismo, rezas. Lembro de minha mãe sentada com minha cabeça no colo dela, orando por mim... era a única coisa que me fazia adormecer.

Num dia, meu pai havia escutado que um psiquiatra atendia em um determinado dia da semana de graça na câmara dos vereadores de Niterói. Corre daqui, ajeita de lá e conseguimos um horário com o tal médico. Ao chegar lá, eu e minha mãe esperamos pela chegada dele e fui o primeiro paciente atendido naquele dia. Sentei-me à frente dele e ele me fez uma série de perguntas relativas à minha vida, respondi a todas, depois ele fez perguntas em relação à minha fé, o questionei e pedi que fechasse a Bíblia porque eu não era cristão e nem pretendia ser.

Ele não se deteve e me perguntou se eu gostava de misticismo, eu respondi que sim e ele então me disse que me levaria em um lugar onde as pessoas falariam sobre meu passado e meu futuro. Fui com ele, ele largou todos os pacientes à espera, como o pastor que deixa as 99 ovelhas do aprisco para buscar a centésima. Pegou seu carro e me levou para Igreja El Shaddai na famosa praça do rink em Niterói. Estavam lá algumas pessoas e um pastor acompanhado de uma mulher que fazia orações pelas pessoas.

Entrei cabisbaixo, sem esperanças, garantindo que aquilo não iria adiantar de nada, já estava com a receita para tomar quatro tipos de remédios diferentes entre psicotrópicos e vitaminas. O culto rolou, não ouvi nenhuma palavra do pregador e nem lembro do que a mulher falou quando orou por mim, só sei que quando eu me levantei daquele banco, o mundo estava colorido novamente, Cristo havia me vivificado e eu estava voltando a viver!

Saímos dali, e eu que não comia há tempos, puxei minha mãe para o Bob's e pedi um *trio big bob* com um *milk shake* de ovomaltine! Por dentro, algo formigava incessantemente, estava me dando vontade de sair correndo e dizer ao mundo e às pessoas que eu estava de volta!

No dia seguinte, saí de casa repentinamente e fui a uma igreja batista próxima à minha casa me lembrando de um convite feito por um amigo há muito tempo. Mais uma vez não lembro direito de nada que aconteceu, mas na hora do apelo, não resisti e saí do meu lugar inconformado por estar virando um crente, mas explodindo de felicidade pela nova sensação. Minha irmã que foi me seguindo com medo que eu fizesse uma besteira, se converteu também, e até hoje estamos juntos na fé e nossa família inteira foi alcançada por Cristo e sua graça irresistível. Tudo isso aconteceu sem planejamento prévio, sem forçar barra, sem exigências e sem traumas. Simples assim!

A cada dia, colhemos frutos por viver um estilo de vida espontâneo. Seja de forma visível ou invisível. Não temos ideia de como podemos nos surpreender com coisas extremamente pequenas, mas que retratam um grandioso milagre de Deus. Esses são os que eu costumo chamar de pequenos milagres, coisas que passam despercebidas no nosso cotidiano, mas que fazem uma diferença brutal na nossa vida.

Só se vive isso quando se para e contempla. A natureza responde com espontaneidade quem a trata assim. Quem vive com pressa, não desfruta da beleza de um lindo pôr do sol, ou não consegue refletir sobre a imensidão do mar.

O fato de nosso corpo reagir a mudanças climáticas, por exemplo, é um mecanismo exuberante demais para não ter sido criado por alguém.

Outra maravilha relativa ao nosso funcionamento é a principal razão porque suamos. Reside no ajuste da temperatura do corpo. De fato, o suor constitui o mecanismo de arrefecimento corporal, e inicia-se sempre que as condições ambientais ou que os esforços físicos induzem um aumento da temperatura corporal. Enquanto os tremores no frio são procedentes de um processo onde o corpo começa a vibrar para produzir calor. Você já tinha pensado nessas coisas? Deus te fez com recursos para te proteger!

Resumindo, milagres, embora pequenos, realmente acontecem todos os dias em lugares inusitados e com as pessoas mais diferenciadas.

A espontaneidade do silêncio

Existe algo mais constrangedor e inquietante do que o silêncio? Nas nossas igrejas, o silêncio é raríssimo. Por vezes o ministro de louvor é forçado a falar sem parar até quando ele não tem mais o que ministrar apenas para preencher o "vazio" que nos incomoda.

Os pregadores também são vítimas desse inconveniente silêncio. Alguns disparam a falar como se estivessem narrando uma corrida de cavalos. Se por um acaso diminuírem o ritmo e cometerem o terrível erro de abrir uma lacuna na sua preleção, logo surge do fundo um chiado de reclamação.

O outro lado dessa moeda é visto quando o pregador se perde. Aí os chiados são substituídos por "Glórias a Deus", "Aleluia" como se o camarada que está ali perdido em suas palavras estivesse meditando e recebendo uma mensagem sobrenatural de Deus.

A plateia entra em efusão quando o silêncio surge. As reações são diversas: choro, palavras lançadas ao vento, jargões e uma expectativa quase que apocalíptica quanto ao que irá acontecer quando romperem aquele momento de quietude.

Na verdade, o silêncio é necessário. Através dele, Deus fala conosco no nosso quarto de escuta. Refletimos sobre nossos erros e nossa jornada, meditamos sobre a brevidade da vida e a eminência da morte, arrazoamos sobre as muitas palavras que vivem nos perturbando.

É do silêncio que emerge a Palavra criativa de Deus "Haja luz", nesse caso um silêncio na eternidade que é quebrado apenas pela expressão criadora do Eterno. Isso me faz meditar que é melhor ficar calado do que falar demais. Provérbios de Salomão diz que *"quem fala muito, tem perturbação"*.

Há uma expectativa quando o silêncio está prestes a ser rompido, por isso deve haver cuidado com a palavra que se desfere, portanto, seja qual for a situação, pense antes de quebrar o silêncio, é melhor não falar nada do que falar besteiras.

A dificuldade de deixar quieto o ambiente, vem de nossa perda do pensamento linear. Tudo que fazemos hoje é interrompido. Quando assistimos um filme, há o comercial que quebra a sequência; quando praticamos um esporte, há o intervalo para que possamos descansar e depois retomar o mesmo jogo; quando vamos estudar, há uma diversidade de matérias que são dividas por tempos ou créditos; o resultado disso é que não conseguimos mais ficar parados por muito tempo, quiçá fazer silêncio. Damos o nosso jeito de fazer valer a ditadura anti-linear, arrumamos uma coceira, ajeitamos a posição em que estamos, enfim, qualquer coisa que não nos deixe mergulhar no mundo do autoconhecimento.

O processo criativo

A igreja foi chamada por Deus para ser mais que uma comunidade que segue regras e que precisa de clones para sobreviver. Seguir roteiros e estabelecer formas, não é a especialidade de Deus. Ele nos chamou como indivíduos diferentes, cada um com seu talento e prontos para multiplicar isso em estratégias para alcançar perdidos.

A capacidade do ser humano de criar é incrível! A palavra que vai ser pregada é uma só, porém, o método empregado para que ela chegue aos ouvidos desesperados pode variar. Temos a imensa facilidade para idealizar coisas. É por isso que insisto em dizer em meio as diversas "técnicas" de evangelismo, que não existem técnicas de evangelismo, existem evangelistas.

Mas a questão é que esse processo criativo, não pode ser premeditado, ou ao menos feito com hora marcada. Deus abre a porta da diversidade a hora que Ele bem entende. A nossa inspiração depende da boa vontade de Deus em derramar sua bênção sobre nós.

Às vezes fico semanas sem escrever um texto, nada aparece, nenhum tema fala alto a meu coração, então ao invés de escrever qualquer bobeira, eu prefiro ficar quieto. Em contrapartida, quando eu sento para escrever inspirado, ninguém me segura e eu viro a noite escrevendo. Só paro quando fica tudo pronto.

Inspiração divina, não tem hora para acontecer. Não tem jeito de fechar com Deus uma hora cativa. Ele se manifesta em diversas coisas peculiares, nos detalhes, etc...

Seja o que Deus quiser

Não adianta! A dinâmica da fé nunca é previsível. Quando os discípulos esperam Jesus vir de barco ao encontro deles, Ele resolve vir andando sobre as águas; quando esperam que ele passe direto e nem dê atenção a ninguém, ele para ao se sentir tocado com o pretexto de que naquele momento saiu virtude d'Ele.

Mas a passagem que mais me encanta com relação a espontaneidade é quando Jesus encontrou com um homem morador de Jericó, cego e mendigo, seu nome era Bartimeu.

O dia estava lindo, e embora Bartimeu não pudesse contemplar, Jesus passava por ali com sua caravana subindo para a festa da Páscoa em Jerusalém. Jericó era uma espécie de cidade-dormitório, onde milhares de sacerdotes que serviam em Jerusalém vinham descansar nas trocas de turno no serviço do templo. Além disso, era a cidade onde Herodes construiu seu palácio de inverno, o lugar das fontes termais, onde as palmeiras liberavam um odor agradável com o soprar do vento.

A cidade, ficava 400m abaixo do nível do mar, e o mar morto ficava por lá. Bartimeu é o retrato dessa cidade, deprimido, as pessoas apenas passam por ele e como o mar morto, ele só recebe (críticas, esmolas, etc...) e não retorna nada... tudo que chega nele morre.

Mas naquele dia, Bartimeu sabia que Jesus estava passando por ali e não havia tempo a perder. Seria a última vez que o Mestre passaria por ali, mais efetivamente Ele estava indo para cruz. Sabendo disso, ele se coloca à margem do caminho e aguarda. Logo Ele aparece, Bartimeu percebe o burburinho e começa a clamar.

Os discípulos, pegos de surpresa, se mobilizam para proteger Jesus. Sentindo isso, Bartimeu aumenta o tom e clama de forma contundente. Surpreendentemente Ele para e manda chamar o cego.

Dali por diante, procede uma conversa curta e objetiva que culmina na cura do cego e na qualificação da pessoa. Tudo isso acontece porque Jesus quebra o protocolo e age espontaneamente.

Esse espaço entre Jesus e Bartimeu, surgiu de uma ação completamente extemporânea do mendigo e convergiu em uma reação abençoadora da parte de Jesus.

Na caminhada, precisaremos quebrar alguns protocolos para alcançar Jesus, clamar, gritar, e insisto em dizer, Deus gosta desse negócio!

Do mesmo autor leia também:

DEVOLVAM MINHA IGREJA

Introdução

Antes de qualquer coisa, gostaria de dizer às pessoas que adquiriram este livro, que minha proposta não foi a de elaborar um tratado teológico, filosófico, mas sim, um relevante trabalho sobre a situação atual em que a igreja evangélica brasileira se encontra, além de uma refutação bíblica visando levar o leitor a refletir sobre os fundamentos do cristianismo e a comparar o que a Palavra de Deus diz, com o que vem sendo pregado e vivido por alguns pseudoministérios que estão em evidência na mídia.

Devolvam minha igreja, também compartilha o sentido de existir da comunidade da fé como instituição salvífica e sacerdócio real, e não como um comércio ou uma empresa que usa gente para iludir gente e quando estes não lhes servem mais, os descarta por peças novas de reposição.

Quando começarmos a entender o sentido integral da missão da igreja, começaremos também a entender a dimensão do sacrifício de Jesus na cruz do calvário por nós. Daremos o valor que merece a pessoa do Cristo e seremos mais esclarecidos quanto a algumas verdades sócio-espirituais. Deixaremos de viver um pseudo-evangelho e começaremos a viver a plenitude deste.

Que possamos viver desfrutando da nossa humanidade e melhorando a cada dia nossa qualidade de vida através da vivência que Jesus deixou para nós de mais precioso, Sua graça, nada mais que Sua graça. Sem barganhas, só graça!

Minha oração é para que este livro nos faça acordar de nossas ilusões, retirando-nos do nosso mundo de faz de conta, da nossa zona de conforto fazendo-nos ver a realidade como ela é, para que possamos por meio do arrependimento, da prática do perdão, da oração e da leitura examinativa da Palavra de Deus, experimentarmos finalmente não um avivamento que somente passe por nós como um simples movimento, mas um "novo nascimento" que permaneça em nosso meio e em nossa vida como experiência perpétua.

A missão da igreja

> *"... mas ide, antes, as ovelhas perdidas da casa de Israel; e, indo pregai dizendo: É chegado o Reino dos céus, curai os enfermos, limpai os leprosos, expulsai os demônios; de graça recebestes, de graça daí".*
>
> *Jesus Cristo, Filho de Deus*
>
> (Mt 10:6-8)

Boa parte dos ministros evangélicos desviou a visão do Reino de Deus, e tem procurado fazer as coisas de acordo com o que lhes vem à cabeça, ou conforme o modismo estabelecido pela mídia sem dar atenção às determinações que o Senhor Jesus nos deixou.

> *E disse-lhes: "Vão pelo mundo todo e preguem o evangelho a todas as pessoas. Quem crer e for batizado será salvo, mas quem não crer será condenado. Esses sinais acompanharão os que crerem: Em meu nome expulsarão demônios; falarão novas línguas; pegarão em serpentes; e, se beberem algum veneno mortal, não lhes fará mal nenhum; imporão as mãos sobre os doentes, e estes ficarão curados".* (Mc16:15-18)

Hoje em dia, fazemos aquilo que "dá certo" e não o que "é certo" e por isso, a nossa percepção tem sido ofuscada por pequenas pedras, que nós mesmos, permitimos que coloquem em meio a nossa caminhada com Cristo. A cada dia, percebemos que, não tropeçamos mais em grandes obstáculos, mas em detalhes e miudezas que muitas vezes julgamos ser inofensivas, e que aos poucos vão minando a nossa capacidade de discernir o que é certo do que é errado, nos afastando do convívio e da comunhão com o Espírito Santo. Este é apenas o primeiro passo de uma jornada que pode levar alguns de nós a um abismo. O passo visível e seguinte deste processo, é que aos poucos, de acordo com o avanço da apatia das nossas igrejas, percebemos uma mudança de localização nos membros que quando chegam na igreja, sentam-se nos primeiros bancos, ávidos por conhecimento, mais tarde quando começam a se decepcionar com a estrutura, com o sistema que foi implantado por um grupo inconscientemente descompromissado com a missão da igreja, passam para os bancos do meio e quando enfim se desiludem e se frustram com o sistema e as pessoas (que por acaso somos nós) pulam para o final do templo, e começam aos poucos a frequentar ou visitar outras igrejas, isso quando não saem da igreja definitivamente, em um sinal característico de insatisfação com a vida cristã que vem levando, com a falta de referenciais e muitas vezes com a "comida" que tem sido servida em nossas igrejas. O pior é que na maioria das vezes essas pessoas não se encaixam mais em nenhum lugar porque o "modelo" acaba sendo o mesmo.

As "mensagens" ministradas nas nossas reuniões, não transformam o caráter de ninguém, até porque na maioria das vezes não há objetivo, senão o de encher as urnas na hora do ofertório ou de pregar que temos sempre que receber algo de Deus, ao invés de termos um relacionamento com Ele. Não pode haver uma relação mais imatura que essa que só espera receber, receber e receber. Pessoas maduras dão, independente do que vai acontecer depois.

Não há mais uma preparação da mensagem por parte do ministro, nem interesse em alcançar esse alvo, e outras vezes não há nem pregação dentro da Palavra de Deus, mas explanações psicológicas ou shows de meninices nos púlpitos que se transformaram em palcos. A mensagem que deveria impactar o coração e a mente do povo está saindo da boca dos pregadores vazia e sem conteúdo algum, e a semente que tem sido plantada é a de pior qualidade possível, lançada no terreno mais árido que existe, pois não germina de modo algum pela falta de zelo com que é preparada e plantada. Nossos templos hoje são depósitos de crentes e não agências de evangelização.

Grandes homens de Deus no decorrer da história gastaram seu tempo no preparo de lindas mensagens, não no sentido formal, mas com o intuito de mexer com o entendimento e com o interior das pessoas. Entretanto hoje, o tempo que deveria ser aproveitado para preparar mensagens e falar da transformação de vida que acontece através do evangelho, é tomado por pregações sobre psicologia, filosofia ou até mesmo, sobre a importância de tratamentos alternativos (beleza) para o crente ser feliz em seu casamento (como se um casamento fosse sustentado exclusivamente por este tipo de coisa).

O comportamento dos membros (aqueles que tem mudado de lugar na igreja) é explicável e até compreensível, já que quando eles vieram a Jesus escolheram viver fora dessas regras de estética, beleza, psicologia etc..., e viver algo totalmente diferente em suas vidas: A mudança de caráter e comportamento através do poder de Deus e a nova vida que nenhum tratamento ou plástica pode oferecer, só a maravilhosa graça de Jesus. E como as pessoas não percebem esta mudança, a cada culto, os que já se encontram nos últimos bancos disfarçadamente rumam para outras igrejas e os que estão no fim deste processo, continuam marchando rumo a outros "caminhos espirituais", numa espécie de êxodo, só que com motivações diferentes das do povo de Israel. Os hebreus fugiam de um tirano, e os evangélicos fogem de supostos irmãos.

Quando exerci o papel de líder de juventude em minha cidade, ouvi e aconselhei jovens em crise. Todos tinham um discurso em comum:

> *"Eu vim até aqui e me converti, recebi Jesus como meu salvador pessoal, frequento a escola dominical, participo das reuniões de juventude, estive todos os dias na classe de batismo e é aí que a coisa começa a se confundir em minha cabeça. Por que aqueles que já estão na igreja há mais tempo que eu e aparentemente tem mais "bagagem espiritual", parecem os mais desleixados da igreja com as coisas de Deus e na maioria das vezes são os mais amargurados e rancorosos?"*

Para responder essa questão temos que olhar para nosso passado no contexto da igreja local e analisar quais tem sido as nossas raízes espirituais, e como consequência desta questão, concluiremos que perdemos o referencial. Igrejas nascem a todo o momento e algumas delas sem uma história coerente, briga daqui, briga de lá e pronto, mais uma congregação, e isso, contribui para a perda da nossa identidade.

Alguns sistemas igrejeiros têm uma grande solução para a conversão das pessoas (justificação), lá na escola dominical ensinam a cada novo convertido que *"você deixa de ser uma criatura de Deus e passa a ser filho de Deus"*, e para o final da caminhada temos o céu (salvação), que, diga-se de passagem, aos olhos da maioria dos cristãos deveríamos ser criados nele e não conquistá-lo. Mas este sistema de início e fim, não tem uma solução de continuidade para o meio da caminhada, não tem um desenvolvimento desta história.

Entendemos então que o indivíduo passa pela experiência da conversão, é justificado, mas precisa a partir de então esperar a morte chegar para se cumprir o restante da promessa, porque o meio dela, os trinta e tantos anos que esse indivíduo vai estar na fé, servirão apenas para que ele seja explorado no nosso sistema triturador de pastores, líderes e afins.

A igreja hoje prepara crentes para a morte e não para uma vida abundante. Devemos sempre lembrar que para alcançar a salvação precisamos antes viver salvos. Estamos como aquela árvore frondosa em sua copa, mas enfraquecida em sua base de sustentação. Qualquer ventania que vier e nos encontrar desavisados pode nos derrubar. Então nos enfiamos em atividades para esquecermos que temos esse tipo de problema na igreja e caímos em um outro erro grave: O ativismo.

O ativismo

"Uma coisa de cada vez, tudo ao mesmo tempo agora"

Titãs

O "corre-corre" do nosso dia a dia é algo que tem colaborado para que vivamos no ativismo, não só no trabalho, mas principalmente dentro de nossas atividades eclesiásticas.

Vemos, hoje em dia, poucas pessoas querendo um compromisso com a obra de Deus. Os jovens não almejam mais o episcopado, como Timóteo almejava, mas sim um emprego seguro e estabilidade financeira, não querem mais se dedicar ao trabalho exclusivo com o Senhor, porque isso não dá dinheiro, não vale mais a pena, ou o custo-benefício é desfavorável, causando assim, um acúmulo de tarefas e responsabilidades nas mãos de poucas pessoas, o que gera a crise. Analisando a Igreja hoje, percebemos que apenas 10% da igreja tem trabalhado para alimentar os outros 90%.

Crise essa, que vem deturpando as bases do cristianismo no Brasil, causando gasto excessivo de enrgia e secularismo acentuado no meio da nossa juventude. O "ide" está definitivamente esquecido por alguns, e, substituído pelo interesse pessoal de outros. Os "chamados" ou "escolhidos" são espécies em extinção. Os lobos oportunistas têm aparecido frequentemente nos templos e tem demonstrado seus produtos, seus modelos de sucesso e passado a sua sacolinha, direcionando-a diretamente para suas fartas contas bancárias. A vida cristã desses já não é mais medida pelo seu caráter ou pelo seu amor ao próximo e a Deus, mas por declarações fortes e jargões bem ensaiados ou pelo belo carro e a casa luxuosa que possuem, porque afinal de contas "Deus os chamou para ser cabeça e não cauda" gritam eufóricos em seus surtos de triunfalismo em meio a seus transes espirituais travando batalhas infindáveis contra legiões de demônios. Sucesso agora é sinônimo de prosperidade material, e os valores eternos ficaram para trás, por conta dos mártires da igreja primitiva e outros heróis da fé.

Penso que personalidades bíblicas como João Batista, Paulo, Davi, Moisés e Elias, não suportariam ouvir nem metade das mensagens desses homens e nem tampouco os acompanhariam em suas campanhas de "caça ao tesouro", que em sua maioria são feitas para que o povo se emocione com testemunhos triunfalistas em nome da denominação. Ao contrário disso, exortariam o mesmo, e o convidariam a um discipulado pessoal, ou até mesmo, o evangelizariam. O que será que tem mudado a motivação desses homens, antes conhecidos como valiosos instrumentos de Deus? Será que a secularização tem mexido com a cabeça dos líderes, fazendo-os abrir uma janela para que ela entre na igreja, ou a ponto de cegá-los para a verdade do Evangelho genuíno pregado no livro de Atos dos apóstolos?

Atualmente não se marca mais agenda de preletor se não houver uma "ofertinha" pré-combinada para ele, que já não vai mais prioritariamente levar a mensagem de Deus às pessoas, mas sim, defender seu "pão de cada dia".

Essa é uma questão que temos que tentar resolver com extrema urgência. O púlpito de nossas igrejas hoje deixou de ser um lugar de exortação, como nos tempos de Paulo e Pedro, que pregavam sem medo de perder bons ofertantes ou de chatear alguns. Anunciavam a mensagem com poder, quase sempre ligada a arrependimento; de renúncia, que produzia verdadeiras conversões como nos primeiros sermões pregados por Pedro, Paulo e os demais apóstolos, que soavam como uma bomba no meio dos judeus daquele tempo, e fazia com que as pessoas presentes no local abandonassem o velho homem, tomando para si o estilo de vida e os hábitos daquele que os chamou para a luz, alcançando a todos sem que eles precisassem decifrar termos técnicos ou teológicos, porque a mensagem era fundamentada na simplicidade dos Evangelhos e não em vãs filosofias.

> *"Minha mensagem e minha pregação não consistiram de palavras persuasivas de sabedoria, mas consistiram de demonstração do poder do Espírito, para que a fé que vocês têm não se baseasse na sabedoria humana, mas no poder de Deus"* (1Co 2:4-5)

Infelizmente em alguns lugares, o púlpito tornou-se um lugar de engano, onde pastores e líderes pregam um quinto tratado: "o evangelho dos evangélicos", um Evangelho que se molda exatamente no que cada igreja quer e no que cada membro de cada classe social precisa ouvir, um evangelho modista e humanista, que foge do seu propósito principal, e mergulha numa avalanche de promessas e bênçãos que na verdade foram só uma consequência da passagem de Jesus pela Terra, para evidenciar que ele era o único que pode perdoar pecados;

> *Poucos dias depois, tendo Jesus entrado novamente em Cafarnaum, o povo ouviu falar que ele estava em casa. Então muita gente se reuniu ali, de forma que não havia lugar nem junto à porta; e ele lhes pregava a Palavra. Vieram alguns homens, trazendo-lhe um paralítico, carregado por quatro deles. Não podendo levá-lo até Jesus, por causa da multidão, removeram parte da cobertura*

do lugar onde Jesus estava e, através de uma abertura no teto, baixaram a maca em que estava deitado o paralítico. Vendo a fé que eles tinham, Jesus disse ao paralítico: "Filho seus pecados estão perdoados". (Mc 2: 1-5)

Que é o único Senhor e Salvador de Seu povo, e que tem poder sobre os demônios e as doenças

Ao anoitecer foram trazidos a ele muitos endemoninhados, e ele expulsou os espíritos com uma palavra e curou todos os doentes. E assim se cumpriu o que fora dito por meio do profeta Isaías: "Ele tomou sobre si as nossas enfermidades e sobre si levou as nossas doenças. (Mt 8: 16-17)

Hoje é pregado um evangelho que insiste em colocar Deus numa redoma de vidro, isolá-lo e limitar o Seu poder e a Sua unção, esquecendo que, o "VENTO" sopra para onde quer...

"O vento sopra para onde quer. Você o ouve, mas não pode dizer de onde vem nem para onde vai. Assim acontece com todos os nascidos do Espírito" (Jo 3: 8)

Vivemos um Evangelho que é incapaz de produzir crentes dispostos a dar a própria vida pela causa de Jesus, produz apenas meros consumidores de bênçãos, crentes superficiais demais para conhecer os segredos do Senhor, pessoas que nunca se colocariam na brecha por ninguém e tampouco compreenderiam o comportamento de mártires como Pedro, Paulo, Wesley etc... Esse tipo de crença gera apenas ministros comprometidos com os "holofotes" que redirecionam seus focos para o sucesso e projeção social (fama) dos mesmos, e desvirtua essas luzes para fora do foco central do principal propósito do cristianismo, o resgate das almas perdidas.

A minha busca e o motivo de minha oração atualmente é que Deus possa dar aos líderes evangélicos uma capacidade nova, quer dizer, um renascimento de um exercício que os homens de Deus sempre praticaram desde o início da história da igreja e perderam no meio da caminhada graças ao ativismo dos nossos dias: a contemplação.

Se nós conseguirmos voltar a exercitar a disciplina da contemplação, teremos mais tranquilidade para prepararmos mensagens, mais paciência para aconselharmos nosso próximo, e daremos mais valor as coisas que aos nossos olhos são pequenas, mas a vista de Deus são criações minuciosas como, por exemplo, as pequenas maravilhas da natureza que o homem não pode formar com sua tecnologia, as cores da natureza que nem o melhor pintor que já viveu poderia copiar com perfeição, o instinto que Deus colocou nos animais para protegerem sua cria, para defenderem seu território e etc... Tudo isso são detalhes que deveríamos contemplar e aprender com o nosso Criador.

Coisas que mudariam para sempre o rumo de nossa vida e nos daria uma visão nova sobre Deus e Sua criação.

Falhamos nesse ponto e nos atrapalhamos para lidar com questões que exigem de nós, momentos de silêncio e de tranquilidade, momentos em que precisamos saber ouvir e não falar. Se tirássemos apenas um dia na semana para contemplar o mar, uma floresta, um bosque, o comportamento dos animais, as peças de um museu, enfim, algo que possa nos trazer descanso e um pouco de lazer em meio a esse turbilhão de informações que recebemos todos os dias em nosso trabalho, ministério, faculdade, escola, etc... Com certeza seríamos pessoas melhores, mais calmas, mais centradas e com outras metas senão fazer parte do seleto grupo que luta desesperadamente para permanecer sob a luz dos holofotes.

Os holofotes

"Se você quer brilhar, o brilho por si irá lhe causar algumas queimaduras".

Lair Ribeiro

Reparamos nos nossos dias uma preocupação exacerbada com o brilho (que nunca foi evidência de santidade ou aprovação de Deus), e um descaso com a realidade do mundo em que vivemos. Às vezes assistimos a certos pastores ou líderes, e não sei porque, temos a nítida impressão de que eles estão brincando com as situações, como se o povo estivesse vivendo momentos maravilhosos aqui nesse mundo, o que de forma alguma é uma verdade já que Jesus disse o seguinte:

"Eu lhes disse estas coisas para que em mim vocês tenham paz. Neste mundo vocês terão aflições; contudo, tenham ânimo! Eu venci o mundo". (Jo 16:33)

Agem como se o rebanho não precisasse de oração, ajuda, aconselhamento, unidade, carinho, consolo etc... A Igreja visível carece de todas essas coisas que foram citadas, mas existe uma necessidade muito grande em investir na produção de conhecimento, na multiplicação dos discípulos e no aconselhamento.

Entendemos que esta necessidade se dá, pelo fato de que não existem mais pessoas que sejam referenciais de vida cristã (ou existem poucas), habilitadas para tal tarefa dentro de nossas congregações. Nesse caso, a falha já vem se repetindo, porque a ausência de discípulos e mestres hoje, é resultado de um relaxamento desse fundamento básico do cristianismo através de gerações.

"Então Jesus aproximou-se deles e disse: Foi-me dada toda autoridade no céu e na terra. Portanto, vão e façam discípulos de todas as nações, batizando-os em nome do Pai e do Filho e do Espírito Santo, ensinando-os a obedecer a tudo o que eu lhes ordenei. E eu estarei sempre com vocês, até o fim dos tempos". (Mt 28: 19-20)

Essa base que o discipulado nos dá, que na verdade é o "abc" da fé, foi trocado pelos líderes por um crescimento rápido da igreja. Desordenado, o inchaço da igreja termina sempre com a falta de disciplina e discipulado.

A ausência de referencial abre as portas para conceitos liberais que afirmam alguns absurdos como a noção que se tem de que não é mais preciso orar, autorizam o casamento entre homossexuais além de afirmar que não é mais necessária a presença do crente nos templos. Vemos que, alguns movimentos atualmente não têm se preocupado muito com os membros do corpo de Cristo, preferindo assim a "bênção" do crescimento, da prosperidade financeira, negligenciando a comunhão, abandonando os templos em busca de uma nova "visão" e deixando de lado o verdadeiro crescimento, que é o crescimento sócio-espiritual sadio da congregação, pautando-se assim em critérios mercadológicos e não em critérios bíblicos. Esquece-se que a "velocidade", só é uma virtude quando se sabe para onde está indo. Não adianta nada você correr o mais rápido que puder, se estiver indo de encontro a um penhasco, ou não souber para onde vai levar aquela estrada, isso não é esperteza, é falta de "visão".

É preciso resgatar as raízes da igreja, torná-la apostólica novamente, no sentido de usar o modelo que Jesus usou para fundá-la e não para usar de títulos e práticas duvidosas como alguns ditos "apóstolos" o fazem.

Hoje é imposto aos recém-convertidos-líderes, um peso que não podem carregar e uma velocidade que não podem alcançar, porque ainda são como crianças na fé, e como crianças, não conseguem correr, e quando correm caem, porque o seu papel ainda é o de engatinhar. É bem verdade que alguns líderes vem se esforçando para que essa situação melhore, mas caem em outro tipo de erro: tentar realizar as mudanças pelas suas próprias forças. Acabam frustrados porque não conseguem efetuar as mudanças necessárias na congregação, pelo simples fato de que estão tão entretidos em suas preocupações e embaraçados com seus próprios problemas, que não conseguem mais enxergar as estratégias que o Senhor tem disponibilizado, e acabam formulando suas próprias estratégias e regras de suas congregações, inventando novas doutrinas tanto legalistas quanto libertinas, mais uma vez, trocando os preceitos bíblicos, pelo mais fácil, sua própria "visão". Vale citar, o que o Rev. Ricardo Gondin relata sobre essa questão em seu livro *Fim de milênio:*

> *"A crítica é que a pós-modernidade está mexendo com a cabeça dos pastores de forma que a espiritualidade e o relacionamento com Deus estão sendo substituídos por uma busca exacerbada de profissionalização".* (Pág. 102)

Essa extrema preocupação com o acompanhar a pós-modernidade, tem feito com que nos esqueçamos que existe uma obra a ser concluída que não depende apenas de computadores, DVD, aparatos pós-modernos ou pelo avanço da tecnologia, essa obra não pode ser terminada pela força do braço de um homem e nem ser confirmada pela sua capacidade mental, essa obra depende da disponibilidade de algumas pessoas e prioritariamente do agir do Espírito Santo e chama-se, discipulado!

Por que não discipulamos?

"A salvação é de graça, mas o discipulado pode custar tudo o que temos".

Billy Grahan

Qual tem sido a maior preocupação da igreja em relação aos novos convertidos?

Essa é mais uma entre milhares de perguntas, que não se calam dentro de nós. Vemos hoje nos grupos que ainda se importam com os novos na casa de Deus, uma espécie de desespero quando se fala em discipulado e acompanhamento de novos decididos. Há um medo, um trauma, quando se toca nesse assunto nas nossas igrejas. Isso é gerado porque chegamos a um ponto de desdém tão grande com esse fundamento do acompanhamento ao novo convertido que algumas pessoas adquiriram um medo fora do normal de fazer esse tipo de trabalho, já que no fim das contas a questão que permeia o desvio de alguns novos é a seguinte: Será que houve falha no aconselhamento, acompanhamento e discipulado no primeiro momento desta pessoa que se afastou? A verdade é que às vezes não há nem esse fundamento ou um grupo que esteja envolvido e treinado para tal obra no meio da igreja, e quando há, não está devidamente preparado para lidar com os diferentes tipos de pessoas que se rendem a Jesus em nossas igrejas, e cometem erros primários na abordagem do novo convertido. Isso sem citar ainda a questão da falta de apoio aos ministros que ocupam estas posições.

A inquietação com o evangelismo procede, pois estamos "na última volta do relógio", "a última hora", mas será que se Jesus voltasse hoje, encontraria Sua igreja preparada para o arrebatamento? Nossa vida não deve estar pautada nessa espera somente, mas no fato de que Jesus pode resolver voltar individualmente para cada um de nós. Não falo de um arrebatamento intercalado, aos poucos, mas do dia da nossa morte, que pode ser qualquer dia, o único pré-requisito para morrer é estar vivo.

Hoje, vemos campanhas de evangelismo gigantescas, cruzadas de unção que mobilizam preletores internacionais, movimentos de evangelismo pessoal que abrangem a milhares de pessoas, que realmente trazem prosperidade espiritual e crescimento para o corpo de Cristo.

Vivemos no Brasil um tempo em que nunca foi tão fácil evangelizar, visto que, a Igreja conquistou um espaço imenso para divulgação pelos meios de comunicação em nosso país (rádio, televisão, jornais), graças à iniciativa e ousadia de algumas denominações. Hoje temos rádios AM ou FM, redes de TV via satélite que pertencem a denominações evangélicas e que divulgam o evangelho em sua programação, mas, apesar do uso desses veículos para uma divulgação em massa do Evangelho, existe dentro desse seguimento alguns apelos desnecessários (no que diz respeito às finanças e ao misticismo) que fazem com que o espectador desses "cultos" tenha uma visão deturpada do Evangelho genuíno para o qual fomos chamados a pregar. Todos estes recursos estão sendo desperdiçados a cada programação, já que se troca a palavra da verdade por mentiras em nome de Deus e negociatas milionárias.

Alguns líderes vêm aplicando um método anticonvencional, para recolherem suas ofertas, transformando-se em verdadeiros marketeiros da fé, comerciantes do reino, aplicando uma técnica conhecida no meio evangélico como "caça-níqueis", que suga do participante da reunião até o último centavo, com apelos para obras faraônicas que satisfarão apenas os seus próprios egos. Além disso, existem aqueles famosos "cultos virtuais", que proporcionam um certo comodismo aos fiéis, que por acharem que "Deus está em tudo e em todo lugar" deixam a comunhão e o calor humano dos cultos de lado, esquecendo-se de que a igreja como "o corpo de Cristo" no sentido de comunhão, é uma comunidade terapêutica que traz cura para as nossas vidas e ficam trancados em casa na esperança de receber a cura à domicilio. Não que Deus não possa curar "à domicílio", Ele pode tudo, só que falo agora no aspecto horizontal da comunhão, onde o crente precisa além da sua comunhão vertical (com Deus) da comunhão horizontal (com seu irmão).

Vemos isso, porque através do convívio, vários tipos de complexos que temos, são trabalhados por Deus em nós, a medida em que vamos convivendo com pessoas diferentes, e que possuem problemas iguais ou maiores que os nossos. Na minha opinião, nada pode substituir a unção de Deus, no abraço forte de um irmão no fim de um culto, ou quando chegamos aos cultos preocupados com alguma questão, e, recebemos uma palavra de alento da parte do irmão que está à porta. Fechado esse parêntese voltemos à questão do discipulado.

Atualmente, quando pregamos a Palavra, e é feito um apelo em qualquer praça, escola, empresa, enfim, seja onde for, é impossível que não haja conversões. Imediatamente alguém é alcançado pela Palavra ministrada, ou se converte espontaneamente sem ao menos ter prestado atenção a tudo que foi dito. Mas o problema que estamos tentando abordar através desse "giro" que fizemos é o seguinte: O que estamos fazendo com essas pessoas que vem se convertendo dia após dia? Como estas pessoas estão sendo recebidas e acompanhadas dentro das nossas igrejas? Há uma solução de continuidade? Qual tem sido o investimento de nossas igrejas em prol dos novos convertidos? Porque depois de evangelizarmos tanto e ganharmos muitas almas para o Reino de Deus não existe a mínima preocupação em buscá-las para um discipulado?

Essa avalanche de perguntas que foram formuladas em menos de cinco minutos de reflexão sobre o assunto, nós podemos responder facilmente olhando para dentro de nós mesmos.

Pare para pensar um pouco, e reflita no seguinte: quantas vezes deixamos de dar atenção a aqueles irmãos que vem a nós com problemas diversos, pelos quais passamos, temos experiência para respondê-los, mas deixamos para depois, na esperança de que Deus mesmo esclareça o caso para ele(a), ou na maioria das vezes por preguiça, pensamos assim: *"para que perder tempo com esse cara? Mais cedo ou mais tarde ele quebra a cara e aprende do mesmo jeito."* Será que nós mesmos não nos sentimos preparados para esclarecer ao irmão? Temos que admitir que em nossos dias, existe uma febre de conversões em busca de bênçãos, um fenômeno que podemos denominar de "consumismo religioso", ou "consumismo místico" já que as igrejas hoje em dia dão vazão a tal coisa. Afinal de contas, o que é a benção? O que é ser abençoado por Deus?

Na minha opinião, a benção não precisa mais ser buscada da forma tradicional que nós fundamentalistas quase que diariamente fazemos. O nosso esquema para a benção tem sido o seguinte: "Começamos uma campanha de jejum e oração durante 7 semanas, chamamos as pessoas de nossa estima (aqueles que sempre nos apoiam em tudo, às vezes, até por pena da nossa incapacidade de caminhar sozinhos) para intercederem pelos nossos problemas crônicos que achamos em nossa falha concepção que foram esquecidos por Deus, e esse esquema que montamos, na verdade é só uma armadilha para chamarmos a atenção de Deus, que a nosso ver, há muito tempo esqueceu da nossa necessidade e tem descansado alheio a tudo que vem acontecendo na nossa vida".

Ao ler esse livro, meu desejo é que você entenda uma realidade espiritual que pode te libertar de todo o fardo pesado e de todo legalismo que tem te cercado durante todo tempo de crente em que você tem pensado na maioria das vezes que Deus não vai te abençoar. A grande notícia é essa: "Você não precisa ir buscar a benção, ela já está em você, Deus já te concedeu, e para falar a verdade à benção é você!" Do momento em que você descobre que você já é abençoado, tudo muda na sua vida, você descobre que não precisa mais ficar noites e mais noites desesperado esperando Deus enviar um sinal do céu para que a bênção chegue, você entende que a sua necessidade, tudo aquilo que você precisa para viver, Deus na sua infinita misericórdia e benevolência já supriu! E vivendo essa realidade, você se livra de um sentimento de obsessão, onde achamos que Deus nos chamou para receber para o resto da nossa vida. Mas, a verdade espiritual é outra, não fomos chamados para sermos recebedores eternos, mas para nos transformarmos em doadores de vida!

Hoje em dia, pensa-se muito em prosperidade material para nossa vida, isto é, nossos próprios deleites. Não hesito hoje em dizer, que este tipo de oração para nós crentes em Cristo Jesus é desnecessária, pois nos toma o tempo de estar intercedendo por outros propósitos mais importantes e mais nobres do que um carro ou uma casa, por exemplo. Não estou aqui escrevendo contra a oração pessoal em prol de necessidades materiais, mas apenas tentando direcionar nossa oração para algo mais urgente, porque nossas questões o Deus todo poderoso já supriu! É como se você recebe-se seu salário e com ele na mão estivesse cobrando o mesmo salário (do mesmo mês) ao seu empregador. Deus espera que nós nos entreguemos a sua causa completamente, Ele procura aqueles que queiram se colocar na brecha pela vida de outras pessoas que precisem mais da sua oração do que você. Seja um cristão desprendido da matéria, viva como se você não possuísse nada, e cuide-se para que você não entre em um clã que vem a cada dia crescendo em nosso meio: O clã do "Cristão invisível".

O cristão invisível

Observaremos agora um tipo de cristão que lamentavelmente está sendo formado dentro de nossas igrejas, pela falta de mentoriamento.

O esvaziamento de nossas igrejas, a não permanência de pessoas que são recém-convertidos, e o abandono da fé daqueles que querem crescer no conhecimento do Senhor são muito preocupantes já que resolvemos mexer nessa ferida tão exposta no nosso meio. Mas há algo pior ainda que isso ferindo a nossa base, o nosso alicerce, que é a transformação de pessoas que hora eram ativas na obra do Senhor, tinham um porque de estarem na igreja, tinham um porque para viver e hoje não tem mais. A esse grupo se unem àqueles que já entraram na igreja, assistiram alguns episódios tristes e lamentáveis e desistiram até mesmo de serem vistos ou notados na sociedade como crentes. A esses trataremos como "Cristãos invisíveis" ou então "Crentes S/A". Numa tentativa de esquivar das más línguas que matam muitos por aí e ferem a outros, os "cristãos invisíveis", tem como estratégia estabelecida, esconder suas identidades e maquiarem sua fé.

A causa desse "fenômeno" na opinião dos "S/A", é o fato de que se eles forem reconhecidos na sociedade como crentes, serão facilmente colocados em uma situação de cheque, tendo que explicar o porque de tantos maus exemplos pipocarem em um lugar que era pra ser chamado "assembleia dos santos", e teriam que se dar o trabalho de se aprofundar nas escrituras sagradas para responderem aos muitos questionamentos dos não-crentes sobre a encarnação de Jesus, a ascensão, ressurreição etc... para eles a vida seria mais complicada desse jeito, então preferem não ser nada, não ter nada, não representar nada e nem mudar esse quadro caótico que segundo eles está destruindo nossas igrejas. Outro ponto de vista dessa situação, pode ser colocado agora em debate, quando percebemos, que o grupo acima citado está tão secreto e tão reservado que não há nem mais espaço para evangelizar, nem tampouco ter comunhão, porque isso seria fatal para a sobrevivência do grupo.

Constatamos, em outras palavras, que os cristãos invisíveis, se tornaram um grupo que se afastou da comunidade da fé e que dizem estar com Deus assim como a igreja sofredora está ou como estavam os primeiros cristãos que se tornaram mártires no primeiro século, mas não desfrutam da plenitude do Pai. E o que é mais grave nessa situação é que eles se tornaram tão teóricos que a libertinagem tomou conta deles e agora não fazem mais a diferença na sociedade, nem falta na igreja, e tudo isso começou porque um dia alguém não gastou tempo discipulando essas pessoas. Constatamos então, que o erro nessa história toda não é só deles que estão lançados à própria sorte agora, mas nosso também que em nosso comodismo e falta de compromisso com Deus que nos diz para fazermos discípulos, deixamos que esse grupo progredisse e estabelecesse sua própria doutrina. O fato é que eles não estão lançados a própria sorte, como eu havia dito, NÓS é que os lançamos a própria sorte. Que Deus nos perdoe.

INFORMAÇÕES SOBRE NOSSAS PUBLICAÇÕES
E ÚLTIMOS LANÇAMENTOS

Cadastre-se no site:

www.editoraagape.com.br

e receba mensalmente nosso boletim eletrônico.

Impressão Neo Graf